GUÍA DE LAS CRIPTOMONEDAS

Instrucciones sobre conceptos, Minería y Trading

Spencer Albert

Publicado por Ibukku
www.ibukku.com
Diseño y maquetación: Índigo Estudio Gráfico

ISBN Paperback: 978-1-64086-985-1
ISBN eBook: 978-1-64086-986-8

Índice

INTRODUCCIÓN

La criptomoneda o criptodivisa es un tipo de moneda digital que se origina en el año dos mil nueve, actualmente se ha expandido su uso mucho más, la criptomoneda consiste en el uso de patrones, algoritmos de residuos de transacciones financieras digitales que dan lugar a la criptomoneda. Esas transacciones son encriptadas lo cual las hace sumamente difícil de "hackear" existe una teoría que afirma que las criptomonedas están respaldadas por una especie de cadenas de bloques digitales, los cuales respaldan su seguridad. Actualmente existen negocios formales que ya están aceptando el pago con criptomonedas, aunque la principal manera de que uno puede ganar dinero con estas criptomonedas son la minería y el trading, conceptos los cuales se van a explicar más adelante en el transcurso de esta obra. Mucha gente por ignorancia considera a la criptomoneda una estafa lo cual no es así, la criptomoneda es una manera de hacerse rico con poca inversión si la sabe utilizar adecuadamente. Paralelamente en este libro tocaremos el tema del mercado del forex que también es un tipo de negocio digital donde se realiza el trading. Existen adicionalmente variedad de máquinas para minar criptomonedas las cuales tienen sus ventajas y desventajas. La principal criptomoneda es el bitcoin. Se dice que las criptomonedas son el dinero del futuro, pero esto no lo considero del todo cierto a título personal es una exageración. También expondremos en este libro o manual el como invertir uno su dinero en plataformas digitales así como expondremos como tener cuidado con plataformas de alto riesgo, en las cuales uno se arriesga mucho a perder su inversión. El negocio de las criptomonedas puede darle a uno independencia financiera, lo que quiere decir que uno puede ganar dinero sin necesidad de trabajar, solo es cuestión de saberlo aprovechar, uno debe de estar atento a las oportunidades y saberlas aprovechar para poder producir. Existen miles de personas que hacen transacciones y que ganan dinero con las criptomonedas ahora es su turno de explorar esta posibilidad. Lo bueno de las criptomonedas es que son monedas que en la mayoría de países aun no se bancarizan, en muchos países no pagan impuestos las transacciones con estas monedas, existen vacíos legales en la legislación de muchos países que nos facilitan el operar sin necesidad de pagar impuestos aunque poco a poco esto va a ir cambiando a nivel mundial. Debemos investigar, es muy importante cultivar la investigación, en la medida en la que uno investiga uno va conociendo secretos los cuales adecuadamente aplicados pueden tener un efecto sumamente positivo.

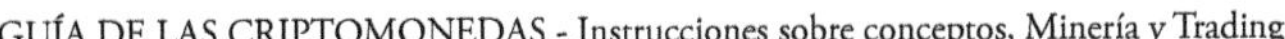

CAPÍTULO I

QUE ES UNA CRIPTOMONEDA

Parte de la definición de lo que es una criptomoneda ya se hizo en la parte introductoria pero en este subcapítulo tocaremos más acerca de en que consiste una criptomoneda.

Veamos que son las criptomonedas, ahora vamos a explicar como surgió este mercado y la tecnología del Blockchange, no escatimaremos mucho en detalles puesto que más adelante los detallaremos más. Comencemos con algo de historia del mundo de los criptos, las monedas denominadas criptos son monedas digitales que existen gracias a una nueva tecnología llamada Blockchange, la primera de estas monedas fue el bitcoin, que probablemente casi toda persona ha escuchado algo de ella. Pero previamente a explicar sobre el bitcoin explicare la historia del dinero y de sus aplicaciones el dinero ha cambiado de presentaciones y de usos muchas veces pero el concepto inicial sigue siendo el mismo, el dinero es un objeto fácilmente identificable con claridad, que tiene un valor absoluto para las partes identificables en las transacciones realizables, las criptomonedas se pueden utilizar para pagar servicios, bienes o deudas. En la historia de la humanidad hemos pasado por diversos sistemas de transacciones financieras, el mas antiguo que conocemos es el sistema de trueque en el que simplemente se intercambiaban bienes o servicios por otros bienes y servicios de un similar valor. De ahí evolucionamos al sistema de metales preciosos con monedas de oro y plata principalmente. Estos sistemas fueron un sistema muy exitoso por lo mismo que las monedas son durables, cuantificables así como divisibles. Esta alternativa de los metales preciosos se aplicó a nivel mundial, muchos años después se crearon los primeros bancos. El primer banco fue creado en Italia, en ese primer banco se empezaron a tomar el dinero de los ahorristas para prestamos así como temas de comercio o agricultura. En la medida en que el comercio en el mundo empezó a florecer se empezaron a utilizar las letras de cambio las cuales actualmente son títulos valores en muchos países son ejecutables. Posteriormente la orden de los templarios inventó el sistema de cheques moderno que actualmente también son títulos valores. Algunos siglos más adelante los gobiernos empezaron a utilizar la deudas como medio para obtener financiamiento, poco a poco los mencionados gobiernos empezaron a crear el dinero de papel el cual es el que actualmente se utiliza hoy en día. Sin embargo este dinero de papel estaba siempre asegurado por reservas en metales preciosos para respaldar su legitimidad. Posteriormente estos procesos se fueron internacionalizando y se aplicó el patrón de oro teniendo como principal país de intercambio a Estados Unidos, se aliaron la mayoría de países para cambiar sus divisas por dólares. Gracias a esto el dólar se volvió la principal moneda de intercambio a nivel mundial. En la medida en que creció la economía a nivel mundial se aumentó la presión para mantener las reservas de oro más y más grande a nivel de Estados Unidos, todo esto transcurrió hasta el mandato del presidente Nixon cuando cambió la tasa fija por la tasa flotante que es lo que actualmente conocemos hoy en día. A pesar de todo esto estos sistemas se siguen considerando algo primitivo, los bancos aplican mucho dinero en sistemas de seguridad para evitar fraudes. Es ahí cuando aparece el block change, una ventaja de esta tecnología es el nivel de seguridad que trae al registro de datos, ninguna otra tecnología se compara en esto, básicamente el mencionado sistema funciona como un registro público donde todas las transacciones que se han hecho en los últimos diez minutos se registran en un nuevo bloque y se respalda con millones de usuarios a nivel mundial o sea al crear un registro es casi imposible de hackear porque cada bloque está basado en el bloque previo y esto se registra en millones de computadores. Si se hace un cambio injustificado ese cambio va a ser validado por esa red de bloques y quedaría excluido de la transacción por estar fuera del registro, esto es lo que hace a esta tecnología tan maravillosa.

Vayamos a los inicios del bitcoin entre el año 2008 al 2009 se creó bitcoin, se registró bitcoin en bitcoin. org y su fundador es conocido con el seudónimo de SATOSHI NAKAMOTO, en los registros oficiales nadie nunca lo ha visto ni conversado con el. La primera transacción con la criptomoneda bitcoin fue en el 2009. En febrero del 2010 se creó la primera casa de cambio de bitcoin que se llamó "BITCOIN MARKET", donde la gente podía comprar esta moneda digital de una manera simple y sencilla. Posteriormente bitcoin ha ido creciendo poco a poco y cada vez el valor se ha ido incrementando aunque con periódicas decreciones o bajadas. A finales del año 2010 bitcoin ya tenía una capitalización en el mercado por mas de un millón de dólares. En febrero del año 2012 ya había una equivalencia con el dólar ya que cada dólar equivalía a un bitcoin. Bitcoin como ya se mencionó también ha tenido sus decresiones por ser una moneda que está muy descentralizada, esto quiere decir que los gobierno no la respaldan aunque posiblemente en el futuro lo hagan. Desde el punto de vista de muchas personas esto es una gran ventaja porque sencillamente no se paga impuestos aunque hay legislaciones de países que ya están entrando a regular ese tema. Esto se presta en algunos casos para lavado de activos que es un conocido delito. Pero eso no necesariamente significa que el bitcoin sea malo.

Uno se pregunta como obtener las criptomonedas y hay dos maneras esenciales que son comprándolas con dinero digital en alguna Exchange o minándolas mediante las maquinas "miner", estas máquinas son máquinas que procesan transacciones matemáticas y resuelven ecuaciones, entre otros procedimientos para procesar los Blockchange con esto se obtienen las criptomonedas. Por ser parte de esta red se generan nuevas criptomonedas. El precio varía constantemente de acuerdo a la oferta o la demanda.

Con estos aportes concluimos el presente subcapítulo, espero señor lector que hayamos podido solucionar sus dudas.

TIPOS DE CRIPTOMONEDA

Existen una serie de criptomonedas pero enseguida hare un listado de las mas conocidas, aparte de estas criptomonedas existen más tipos solo que otras criptomonedas no son tan conocidas como las que se van a mencionar en este listado, enseguida las criptomonedas mas conocidas son las siguientes:

BITCOIN
ETEREUM
RIPPLE
LITECOIN
MAID SAFE COIN
DOGECOIN
DASH
MONERO
BITSHARES
FACTOM
PEERCOIN
NAMECOIN
LISK

SOLARCOIN
SCOLCOIN
MERCOIN

Enseguida haremos una breve descripción de algunas de estas principales monedas de acuerdo a su relevancia:

Espero que le sirva esta información señor lector, como ya se dijo estas no son todos los tipos de criptomonedas que existen sino las más comunes pero estas monedas debe uno de conocer si está en el negocio de ganar dinero por internet, sea en el minado o en el trading, o en algún negocio paralelo a estos.

La principal moneda que uno debe de conocer así como es la mas conocida es el bitcoin, el bitcoin fue la primera moneda que se originó. Esta criptomoneda es la mas conocida como ya se dijo, muchas personas ya la utilizan a nivel mundial para hacer sus transacciones económicas. Adicionalmente hay muchas empresas que permiten el pagar sus productos y servicios con el bitcoin. Existe un límite que es veintiún millones de bitcoins que es el límite que se estableció desde un inicio para esta criptomoneda. Cabría resaltar que el entorno de las otras criptomonedas giran en torno al valor de esta criptomoneda el cual varia de acuerdo al mercado mundial, de la oferta y la demanda.

Enseguida mencionare la criptomoneda dash, esta criptomoneda tenía otro nombre similar el cual hace algún tiempo atrás fue cambiado. El principal motivo por el cual fue conocida esta criptomoneda fue por el anonimato de esta criptodivisa en la mayoría de las transacciones digitales. Cabe resaltar que todas las criptomonedas ofrecen cierta privacidad pero toda transacción queda registrada. En el caso de dash las transacciones con esta criptomoneda son relativamente más anónimas. Esta criptomoneda es relativamente más segura ya que su sistema de seguidad según fuentes locales cuenta con once algoritmos que aumentan su seguridad. También es más sencilla de utilizar para la minería de criptomonedas a comparación del bitcoin así como de otras criptomonedas.

La criptomoneda dogecoin es una de las criptodivisas más utilizadas, a pesar de que su cotización es sumamente baja. En el caso de las dogecoin no existe un numero limitado de monedas por lo que se podría seguir generando de manera indefinida, sin embargo esto no es muy recomendable porque puede generar inflación, la generación de esta criptodivisa es sumamente rápida ya que la generación de los bloques relativos a ésta son de un minuto aproximadamente, sin embargo esta criptomoneda se utiliza en mucho menor escala para comprar y vender pero si se utiliza para recompensar premios obtenidos en la red, lo cual hace que su valor sea bajo.

A la criptomoneda ethereum se le considera una alternativa al bitcoin e inclusive muchos expertos consideran que puede llegar en algún momento a superarla en valor. Concretamente esta criptomoneda se llama ether. Esta criptodivisa posee una de las velocidades más altas que existen. Adicionalmente esta criptodivisa se puede minar desde una computadora común.

La criptomoneda litecoin está considerada como el hermano menor del bitcoin. Algunos expertos afirman que el bitcoin es como el oro y el litecoin es como la plata. Al igual que el bitcoin el litecoin también posee un límite de criptomonedas pero es mucho mayor al de bitcoin, su límite esta situado en ochenta y cuatro millones de litecoin. El litecoin es utilizado por gente con menor experiencia en este mundo de las criptodivisas debido a que su funcionamiento es más sencillo.

Ahora hablemos de la criptomoneda Monero. Esta moneda se caracteriza por utilizar protocolos distintos al bitcoin que la hacen más sencilla de minar.

Adicionalmente a todas las monedas mencionadas tal y como se mencionó desde un principio existen otras como los satoches o los evipcoin pero no los mencionamos ya que no son criptomonedas tan conocidas. Espero que esta información le haya servido señor lector para ampliar su conocimiento.

EL BITCOIN

Bueno en si hasta la parte actual de este libro ya se ha definido lo suficiente lo que es el bitcoin pero para poder resaltar el enfoque hare un pequeño resumen al cual expondré enseguida.

El bitcoin es la primera moneda digital que esta descentralizada, los bitcoins son criptomonedas digitales con las cuales se pueden hacer transacciones a través de internet. Comparado con otros tipos de medios de pago bitcoin tiene una serie de ventajas, con los bitcoins uno puede hacer transacciones por internet sin necesidad de intermediarios, lo cual significa que dicha moneda aun no está bancarizada. Esto significa adicionalmente que las comisiones son mucho menores y puede ser utilizada en cualquier país.

Veamos como se generan los bitcoins. Los bitcoins son obtenidos mediante el minado de bitcoins que se hacen desde internet por máquinas para minar esta criptomoneda. Los bitcoin son guardados en una billetera digital una vez hecha la transacción se le da una firma digital, esto es procesado por el minero y queda registrado en la red de bloques digitales.

El uso de bitcoin ha cambiado totalmente el uso del dinero de la misma manera que el internet ha cambiado la televisión.

Existen varias casas de cambio donde uno puede cambiar los bitcoin por dólares, euros, así como otras monedas.

Con esta información concluimos el presente subpunto relativo a la criptomoneda bitcoin.

CAPÍTULO II

INTRODUCCIÓN AL TRADING

Trading proviene del inglés "trade" que significa comercio y "trading" significa "comercializando", enseguida detallaremos la parte introductoria a este maravilloso mundo del trading.

Este subpunto va dedicado a toda persona que le interese el mundo del trading pero que no sepa en como iniciarse. Definamos en primer lugar que es el trading; el trading es la actividad de vender o comprar ciertos elementos financieros como por ejemplo: criptomonedas, divisas, acciones, comodities, etc. A las personas que realizan esta actividad se les llama "trader", para poder realizar esta actividad el trader necesita del brocker, brocker es el intermediario entre el trader y el mercado. Cuando el trader va a realizar una determinada operación de comercio, el brocker es quien coloca la orden en el mercado.

Si uno desea iniciarse en el mundo del trading en primer lugar uno debe de informarse en que mercado desea operar existen varios mercados como el mercado de las criptomonedas, el mercado de divisas, etc. Pero esto se realiza de acuerdo a nuestro capital y a nuestra forma de operar el mercado, nosotros operamos el mercado del "forex" el cual detallaremos próximamente, porque allí es donde se opera.

El siguiente paso es analizar el mercado que uno ha elegido para invertir existen básicamente tres tipos de análisis los cuales son el análisis técnico, el análisis en base a estadísticas y el análisis sentimental, pero el mas utilizado es el análisis técnico, el cual se hace en base al análisis de las gráficas del elemento que uno esté comercializando. Aparte de este análisis uno debe de diseñar una estrategia operativa, es decir saber cuando comprar y cuando vender la divisa, criptomoneda u otro elemento elegido. Una vez que uno ya tiene su estrategia uno debe de ponerla en práctica con una cuenta de prueba o cuenta "demo" que es una cuenta con dinero ficticio que le permite a uno ensayar operaciones, cada brocker ofrece crearse una o mas cuentas demo, las cuales son gratuitas. En base a las operaciones con una cuenta demo uno puede simular sus perdidas y ganancias.

El paso subsiguiente viene a ser abrir una cuenta real y poner en práctica lo que se aprendió en la cuenta simulada. En sí aquí empieza el verdadero aprendizaje. Este ultimo paso de operar con una cuenta real es el fin de la iniciación en el trading pero el principio de la actividad como trader.

Recapitulando los tres pasos o las tres fases para ser un trader vienen a ser; asesorarse e informarse, practicar en una cuenta demo y aplicar esos conocimientos con una cuenta real. El objetivo de este libro es básicamente el hacer más sencillo este camino, para que usted señor lector pueda ganar dinero a futuro en este mercado.

Con estas definiciones concluimos el presente subpunto dc la parte introductoria al trading.

QUE ES EL NEGOCIO DEL FOREX

Vallamos mas allá en el trading y expliquemos la introducción al forex, forex es la abreviatura de "FOREIGN EXCHANGE MARKET" o "mercado spot o del dinero" El forex opera las 24 horas del día durante seis días a la semana, esto se basa en principales sesiones en las bolsas a nivel mundial. El mercado se apertura los domingos a las 17:00 horas (hora de New York) y se cierra los viernes a las 16:00 horas (hora de New York). Existen tres principales bolsas las cuales son Londres, Tokyo y New York (o Nueva York).

Acá explicaremos la parte básica del forex que consiste en:

-Los principales pares de divisas
-Los pips
-El apalancamiento
-El lotaje (en que consiste un lote y un minilote)
-Que es una cuenta
-Velas japonesas
-Como leer una gráfica o gráfico
-Los tipos de ordenes(Orden de Mercado, Take Profit y Stop Loss)

Empezaremos mencionando las principales divisas que existen en el mercado forex, las cuales se pueden agrupar en par con otra divisa. Estas son:

EURO(EUR)
LIBRA ESTERLINA (GBP)
DOLAR AUSTRALIANO(AUD)
DÓLAR CANADIENSE(CAD)
YEN JAPONES (JPY)
FRANCO SUIZO (CHF)

Tal y como se ha mencionado parcialmente usted también puede comercializar en el forex no solo divisas sino metales, criptomonedas, comodities, acciones, etc.

Un pip significa la abreviatura de (Precio-Interés-Puntos) un pip es la milésima de un centavo pero solo se trabaja en la parte práctica hasta con centésimas de centavo.

El apalancamiento es la cantidad de dinero a invertir de acuerdo al lotaje

El lote es la cantidad de dinero a invertir y el mini lote es un lote pequeño.

Las cuentas normalmente se activan desde 100 dólares pero existen diferentes clasificaciones de acuerdo al monto de la inversión. Por ejemplo existen las cuentas básicas, la cuentas corporativas, las cuentas plus, etc.

Existen dos tipos de velas japonesas, las velas alcistas y las velas bajistas, estas se pueden cambiar de color tanto una como la otra pero normalmente las velas alcistas se colocan en verde y las velas bajistas se colocan en rojo. Las velas alcistas nos indican en la gráfica que el precio ha subido, en cambio las velas bajistas nos indican que el precio ha bajado.

La gráfica se lee de izquierda a derecha. La gráfica se lee con el tiempo en la medida en la que va transcurriendo el tiempo, la gráfica se va formando, cuando aparecen velas verdes el mercado empieza a subir y cuando aparecen velas rojas el mercado empieza a bajar.

Existen tres tipos de ordenes: la orden del mercado que consiste en entrar o salir del mercado al recio que se encuentra el mercado en el momento de la ejecución. Seguidamente existe la orden de pérdida, es una orden colocada para proteger, entrar o salir del mercado a un precio exacto, la cual una vez alcanzado este precio, se ejecute como orden de mercado y también existe la orden para asegurar ganancia(sell limit order) esta orden se utiliza para entrar o salir del mercado a un precio exacto o en un precio mejor, sin desplazamiento.

Con estos aportes concluimos el presente subpunto espero que le haya servido señor lector para fortalecer sus conocimientos sobre trading.

QUE ES EL NEGOCIO DE OPERACIONES BINARIAS

El negocio de las operaciones binarias o de opciones binarias es muy similar al del forex. Consiste en base a análisis apostar por que tipo de bien, sea divisa, comoditie, etc. Va a subir o bajar en base a información estadística o a análisis técnico la diferencia entre opciones binarias y forex es que el negocio de las opciones binarias es mucho más sencillo que el forex.

BROKERES

Ahora vamos a comunicar un tema sumamente importante el cual es la elección del bróker. Uno lo primero que debe de hacer es elegir un buen bróker sino uno puede tener problemas. Mi asesor me recomendó que lo primero que uno debe de hacer es elegir un buen bróker. Una vez que uno decide operar en los mercados financieros uno debe de seleccionar a un bróker, Primero que nada uno debe de entender que es un bróker y como funciona, un bróker es un intermediario entre uno y el mercado financiero, es como un distribuidor, para operar un mercado el que sea en el forex uno necesita a ese bróker. El sistema de trabajo es el siguiente; uno abre una cuenta con el bróker como si fuese una cuenta bancaria. Uno deposita el dinero en su plataforma y mediante la misma una vez que uno se crea una cuenta allí uno puede empezar a operar, viendo las gráficas. Previamente a elegir un bróker señor lector debemos de indicar y en parte recapitular el hecho de saber que mercado es el que se desea operar, porque no todos los brókeres le permiten a uno elegir cualquier mercado, existen brókeres de divisas, de acciones, de comodities, etc. Los brókeres viven del cobro de comisiones, lo primero que uno debe de seleccionar es elegir al bróker tomando en cuenta que cuando uno va a elegir un bróker uno debe de saber cuanto va a gastar en la comisión por la transacción. Tomar en cuenta que el bróker no debe de estar cobrando comisiones excesivas. Lo siguiente a elegir es con cuanto capital poner a prueba su cuenta bien que existen brókeres que le permiten a uno abrir una cuenta desde cien dólares o un poco menos así como existen otros brókeres que le permiten a uno abrir una cuenta desde veinticinco mil dólares, esto depende del bróker elegido. Por lo tanto uno debe de elegir un bróker de acuerdo al tamaño del capital que uno va a tradear. También tiene que considerar que medio de pago elegir sobre como es que se transfieren los fondos al bróker seleccionado. En si existen muchas formas de pago como tarjeta visa, PayPal, etc. Las cuales figuran en la página del bróker. Otro detalle que entra como consideración es el idioma del bróker, es importante elegir un idioma compatible con el de uno para que uno pueda comunicarse fluidamente con el área de soporte técnico del bróker en caso de alguna falla. Tómese en cuenta que la cuenta con el bróker es como una cuenta bancaria. Uno debe de poder retirar el capital total o parcialmente siempre que uno lo necesite. Es importante también el elegir l plataforma correspondiente, las plataformas mas conocidas son "metatrader cuatro" y "metatrader cinco". Es importante que la plataforma sea cómoda para uno y que le permita utilizar todos los gráficos que uno requiera. Uno puede probar la plataforma mediante la ya mencionada "cuenta demo". Otro punto muy importante es que el bróker debe de estar regulado por el organismo correspondiente. Existen foros y paginas web que dan datos estadísticos sobre esto. Una vez que uno tiene todas estas consideraciones uno ya puede empezar a operar con el bróker.

Existen tres bróker que me han recomendado los cuales son:

MILLONARIUM

XM

IC MARKETS

Con estas aportaciones concluimos el presente subpunto, espero que haya despejado señor lector sus dudas acerca de los bróker

CAPÍTULO III

MINERÍA DE CRIPTOMONEDAS

Ahora hablaremos de minería de criptomonedas. La minería de criptomonedas consiste en el proceso de extracción de las criptomonedas y sus fracciones mediante la cual a la vez se genera y garantiza la seguridad de toda la red de criptomonedas, Este es un proceso que garantiza las transacciones. Se le llama también minería porque es una analogía a la minería tradicional, donde los mineros utilizan sus determinados recursos para extraer una recompensa que viene a ser el mineral, en el caso de la minería convencional se obtiene oro, plata así como otros metales, en comparación con la minería de criptomonedas se reciben criptomonedas sean bitcoin, ethereum, dogecoin, etc.

Mientras en la minería tradicional los mineros tienen que utilizar maquinaria así como mano de obra para ganar dinero, en la minería de criptomonedas los mineros tienen que utilizar sus computadores para procesar transacciones que le permitan obtener las criptomonedas. Este trabajo se le reconoce como "prueba de trabajo". Similar a la minería tradicional que busca explotar a un producto finito, la principal criptomoneda bitcoin también es un producto finito, solo se pueden generar una determinada cantidad de bitcoin la cual ya está limitada y no se pueden generar mas bitcoins, cuando el creador de los bitcoin se propuso a empezar este proyecto determinó que solo se podrían minar veintiún millones de bitcoin. Esto significa que el límite máximo permitido son veintiún millones de bitcoins. En un inicio se generaban cierta cantidad de bitcoin la cual se ha ido reduciendo poco a poco en la medida en que su valor ha ido aumentando, aproximadamente para el año 2140 se habrán generado los veintiún millones de bitcoin, y a partir de ese mencionado año no se irán a generar o minar mas bitcoin.

Como ya se explicó el blockchange es una cadena de bloques va un bloque unido al otro y al otro y así sucesivamente. Estos bloques en sí son bloques de información, información la cual se encripta y genera un hash, posteriormente esa información con el hash de ese bloque ya creado, se encripta y con eso se genera un nuevo hash, en el siguiente bloque y así sucesivamente. Así funciona la cadena de bloques, en el caso de bitcoin esos bloques contienen la información de transacciones de bloques, lo que se busca es que esta información sea generada por la persona que tiene las criptomonedas, en este caso bitcoins, con esto se garantiza la seguridad en las transacciones. Los minmeros agrupan las transacciones y las incluyen en nuevos bloques. En la medida en que los mineros van procesando las transacciones ellos van generando remuneraciones en criptomonedas, entre mayor es la competencia entre los mineros mas difícil es la facultad de obtener un hash, en un principio esta dificultad era sencilla ahora se ha dificultado relativamente bastante.

En la actualidad de acuerdo a la criptomoneda que se mina las comisiones por transacción varían lo cual hace variable la rentabilidad de la minería de acuerdo a la criptomoneda que se está minando.

Hoy en día se ha vuelto tan popular la minería de criptomonedas que se estima que la energía eléctrica que se utiliza a nivel mundial para el minado de criptomonedas es el equivalente al cien por ciento de la energía eléctrica que abastece a un país pequeño.

Bien, espero señor lector que con esta información haya podido ilustrarle el concepto de minería de criptomonedas.

MÁQUINAS PARA MINAR CRIPTOMONEDAS

Existen máquinas para minar criptomonedas que son en si computadores que se conectan al computador de uno, normalmente se requiere un computador potente, estas maquinas normalmente generan calor y ruido por lo cual cuentan con ventiladores y se colocan en galpones. Estas máquinas pueden extraer fracciones de criptomonedas o criptomonedas enteras. Debido a la rentabilidad de estas máquinas existen negociantes de las criptomonedas que tienen granjas en las afueras de las ciudades así como en zonas industriales. Estas máquinas requieren de mantenimiento, en determinados países en los que está avanzada la minería de criptmonedas existen instituciones donde se dictan capacitaciones para dar el respectivo mantenimiento a las máquinas mineras. Cabe resaltar que estas máquinas consumen altos niveles de electricidad por lo cual debe de equilibrarse la productividad y el consumo de energía eléctrica.

Para concluir debemos de tomar en cuenta que esta actividad económica es una actividad relativamente nueva que en muchos países no esta afecta a impuestos.

MINERÍA DESDE LA NUBE

La minería desde la nube es la minería que uno puede realizar libremente desde la computadora en casa sin necesidad de tener una máquina para minar conectada. La minería desde la nube no consume mayor cantidad de energía eléctrica pero sí en algunos casos le prorratean el consumo de la electricidad de las máquinas para minar criptomonedas desde la página desde donde uno esta minando. Estas páginas trabajan adicionalmente con potencias de minado variables.

Una observación adicional, esto es lo que he investigado en lo particular, yo no recomiendo a título personal estas páginas sino que estos son los grados de confiabilidad que he investigado en general puede que me esté equivocando en uno o en más subpuntos. Con esto, señor lector, espero poder haber despejado en algo sus dudas a la vez de haberlo podido instruir en el tema de minería en la nube.

CAPÍTULO IV

TRADING DE CRIPTOMONEDAS

El trading de criptomonedas es en si el comercio de las criptomonedas en la bolsa de valores mediante el sistema operativo del forex este comercio puede ser directo en el forex o desde una página. Cabe resaltar que la mayoría de páginas de trading no son como las de minería en la nube. Son plataformas de alto riesgo en su mayoría.

Bien señor lector, espero que con esta información haya podido despejar sus dudas del trading de criptomonedas.

ARBITRAJE DE CRIPTOMONEDAS

El arbitraje viene a ser la compra y venta simultanea de un determinado activo en diferentes mercados para beneficiarse por la diferencia de precio que vendría a ser el margen de ganancia entre los dos mercados. Para saber como funciona el arbitraje de la criptomoneda buscar que sea más barata en el intercambio X que en el intercambio Y. Enseguida Compra la moneda en el intercambio X, se vende a un precio más alto en el intercambio Y se embolsa la moneda. Esta viene a ser la diferencia.

El concepto de arbitraje no es reciente ha existido en los mercados de acciones, divisas, tanto como en el de bonos desde hace muchos años. Sin embargo por temas cuantitativos de capitales grandes, al comienzo no se incluían capitales minoristas como ahora. Ahora con una mínima inversión uno puede dedicarse al arbitraje.

Todavía existen posibilidades de arbitraje en el mundo de la criptomoneda es más yo diría que está creciendo éste segmento del mercado que es el arbitraje. Una serie de factores como la oferta y la demanda hacen que surjan diferencias de precios. Los intercambios mas grandes, con mayor liquidez impulsan definitivamente el resto del mercado, y los más pequeños siguen los precios establecidos por sus contrapartes de mayor envergadura. Sin embargo estos intercambios mas pequeños no siguen inmediatamente a las diferencias más grandes, es de allí donde surgen las oportunidades del arbitraje.

Existen múltiples estrategias las cuales los comerciantes de arbitraje pueden aplicar para obtener ganancias. Entre ellas destacan:

a. El Arbitraje Simple: Comprando y vendiendo la misma criptomoneda en casas de cambio separadas

b. Arbitraje Triangular: Este proceso implica aprovechar el precio entre tres monedas por ejemplo el bitcoin en dólares úselo para ganar euros y luego cambie los euros a dólares.

c. Arbitraje de Convergencia: Este enfoque implica comprar una moneda en una bolsa o casa de cambios en donde está subvaluada y vender la misma moneda en una casa de cambios o bolsa donde está sobrevaluada. Cuando los dos precios separados se encuentran en un punto medio uno puede beneficiarse de la cantidad de convergencia.

Enseguida detallaremos las principales casas de cambio de las criptomonedas las cuales son:

A. CHANGELLY
B.BITTREX
C.CEX.io
D.BITFINEX
E.HITBTC
F.XCOINS
G.LOCALBITCOINS
H.BITSTAMP
I.KRAKEN
J.GEMINI
K.COINMAMA
L.SHAPESHIFT
M.BITSO
N.SATOSHITANGO
O.CHILEBIT

Aparte de estas casas de cambio existen muchas más pero estas son algunas de las principales.

Espero que estas aportaciones hayan sido señor lector de utilidad para que pueda comprender el concepto de arbitraje en el caso de las criptomonedas. Con esto concluimos el presente subpunto.

INDEPENDENCIA FINACIERA CON CRIPTOMONEDAS

La independencia financiera y debemos saberlo es el medio por el cual obtenemos dinero sin la necesidad de trabajar. Este tema lo menciono en muchos de mis libros, es importante mencionarlo en este libro también, mediante el minado, el trading y el arbitraje de criptomonedas podemos obtener independencia financiera, que a la vez es una manera de jubilarnos jóvenes. No es indispensable llegar hasta viejo para jubilarse y recibir un cheque miserable de pensión de jubilación. Uno puede jubilarse joven con el negocio de las criptomonedas, solo es cuestión de tener éxito en la inversión. Existen otros negocios que también le pueden dar a uno la independencia financiera como el alquiler de vehículos, el alquiler de propiedades, las redes de mercadeo, los derechos de autor, Entre otros. Lo que resulta aberrante es el tener que ser esclavo del trabajo hasta viejo y que la pensión de jubilación no le alcance. Un conocido autor que fue pionero en publicitar la independencia financiera fue Robert Kiyosaki.

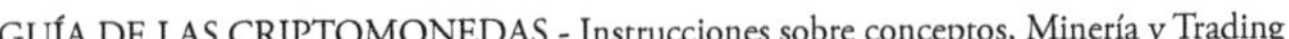

CAPÍTULO V

CASAS DE CAMBIO DE LAS CRIPTOMONEDAS (EXCHANGES)

Ahora pasemos a ver lo que es una casa de cambios o Exchange de criptomonedas. Una Exchange es un sitio web que ofrece opciones de compra-venta de las criptomonedas. Dentro de los servicios que ofrecen estas casas de cambio se ofrecen el almacenamiento de las criptomonedas así como la respectiva ya mencionada compra y venta. Estas casas de cambio tienen su billetera de criptomonedas también conocida como "wallet". Tal y como se mencionó una Exchange es un sitio web para comprar, vender o almacenar criptomonedas.

El procedimiento viene a ser muy sencillo. Primero uno tiene que registrarse en el mencionado sitio web, durante ese proceso uno deberá de identificarse mediante un documento oficial como el documento de identidad. A veces también piden un segundo documento adicional para validar la dirección y contrastarla con la dirección del documento de identidad el cual es normalmente un estado de cuenta bancario. Una vez que uno se haya registrado, uno podrá acceder a su billetera online. Esto con la respectiva criptomoneda que esté disponible. Si uno desea comprar criptomonedas lo que deberá hacer es depositar en efectivo dinero como dólares en la cuenta bancaria de el vendedor y esperar a que este libere las criptomonedas. Si uno desea vender criptomonedas uno deberá ofrecer estas mismas a un comprador en línea de los que hay en el sitio web y esperar a que el le haga el depósito en efectivo bancario para luego de hecho el depósito liberarle las criptomonedas a su billetera. Algunas exchanges también le permiten a uno utilizar tarjetas de crédito o débito. Algunas exchanges también permiten a uno intercambiar una criptomoneda por otra.

En una parte ya pasada del libro se mencionaron la lista de las principales casas de cambio de las criptomonedas. Pero para una mejor recapitulación las mencionaremos por segunda vez:

A.CHANGELLY
B.BITTREX
C.CEX.io
D.BITFINEX
E.HITBTC
F.XCOINS
G.LOCALBITCOINS
H.BITSTAMP
I.KRAKEN
J.GEMINI
K.COINMAMA
L.SHAPESHIFT
M.BITSO
N.SATOSHITANGO
O.CHILEBIT

Aparte de estas casas de cambio existen muchas más como Kucoin, entre otras pero he mencionado las principales.

PLATAFORMAS DE ALTO RIESGO

Existen una serie de páginas y esto cumplo con decírselo que son una estafa, ofrecen intereses elevados pero son una pirámide, hacen un mal trading o inclusive le pagan a uno de lo que invierten otros usuarios y a las finales en dos a tres meses o un poco más desaparecen llevándose todo el dinero de los inversionistas. A estas páginas se les llama en el mundo del trading "plataformas de alto riesgo" uno debe de comprobar dos cosas cuando a uno le recomienden una página para invertir:

a. La antigüedad de la página

b. Que tenga un candado de seguridad(o certificado de seguridad)

Existen páginas para investigar la antigüedad de otras páginas que se lo soliciten y las cuales son gratuitas. Utilícelas y compruebe lo que le estoy mencionando.

Tenga mucho cuidado con estas plataformas son una verdadera estafa, yo cumplo con advertírselo.

Con esta información concluyo el presente subpunto, espero que tome en cuenta mis contraindicaciones señor lector.

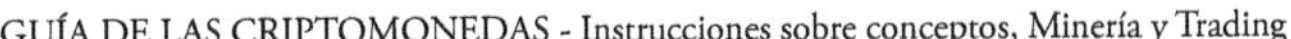

CAPÍTULO VI

ROBOTS DE FOREX

Un robot de forex es un software que le permite a uno abrir y cerrar operaciones en automático, de esa manera invierte el capital en la cuenta de uno en automático. Claro que ese robot de vez en cuando tiene pérdidas, para no tener que tener el computador prendido las 24 horas este se conecta con un VPS que es un alojamiento virtual las 24 horas, este hosting del VPS se alquila normalmente. Con esto uno gana dinero en automático, pero hay que buscar primero un buen robot o también llamado "bot" porque hay robots que no son tan buenos.

Hablemos ahora de los sistemas automatizados de trading o sea lo que son robots comúnmente, ahora quien no sabe que es este sistema automatizado pues es un conjunto de estrategias recopiladas en un código, con el robot tal y como se mencionó uno hace trading de manera automatizada siguiendo los parámetros que contiene el código. Uno muchas veces por falta de perseverancia o por pura impaciencia no entramos al mercado a abrir y cerrar la operaciones que deberíamos ejercer. Estos sistemas de trading manual no son del todo rentables pero al automatizarlos con el robot que a las finales son un conjunto de parámetros esto se vuelve más rentable siempre y cuando como siempre digo sea un buen robot. El robot se basa en indicadores, de acuerdo a las circunstancias el robot compra o vende. Las mismas normas que uno sigue en el trading, el robot lo hace en automático, en teoría el robot es mucho más eficientes que un trading manual. Pero también uno tiene que tener cuidado con los periodos de volatilidad del mercado, como el robot mayormente se basa en análisis técnico uno debe de tomar en cuenta que si el robot opera en esos períodos hay más riesgo de que tenga pérdidas e inclusive de que queme una cuenta, quemar una cuenta significa perder todo el dinero de una cuenta.

El automatizar los procesos de trading fueron procesos que los inventores y programadores de los robots tomaron mucho tiempo en concretar.

El sistema automatizado de los robots a muchas personas les funciona a diario es más practico que el sistema manual. No es indispensable tener demasiada pericia para ganar con el trading, puede que con un robot baste.

En los robots uno también puede reprogramar los parámetros como cambiar el lotaje por uno más bajo para poder variar la rentabilidad así como la seguridad. Uno también puede cambiar la criptomoneda o la divisa con la que se esté operando por una más rentable.

Bien señor lector con estos aportes concluimos el presente subpunto. Espero que le haya servido la información.

CURSOS Y CAPACITACIONES

Existen institutos e instituciones que dan capacitaciones de trading con la cuales uno puede asesorarse, claro que también existen asesores particulares que uno puede contratar. Normalmente se anuncian en internet así como en periódicos tanto como revistas. En Sudamérica no esta tan expandido como en EEUU y Europa. Si uno desea estudiar es cuestión de que investigue y que lleve unos cursos de forex, trading y criptomonedas el resto es práctica e investigación. Es muy importante que uno constantemente se mantenga actualizado para que uno pueda seguir ganando.

CAPÍTULO VII

NEGOCIOS QUE OPERAN CON CRIPTOMONEDAS

Bueno, las criptomonedas como el bitcoin siguen en auge a nivel mundial, ya hemos mencionado sus múltiples aplicaciones mediante la tecnología del blockchange, lo cual genera oportunidades de negocio, ahora hablemos de negocios relativos a este tema.

Los cajeros automáticos de criptomonedas como más adelante se detallará son un conocido negocio que ya está en diferentes partes del mundo. Uno podría instalar un negocio de cajeros automáticos Algunas empresas que comercializan estos cajeros son: Bitaccess, Generallbytes, Lamassu, GenesisCoin. En internet existen páginas que ofrecen cajeros de criptomonedas de segunda mano.

También existe el negocio de etiqueta blanca, Un negocio de etiqueta blanca es cuando una compañía le permite utilizar su producto o servicio, es un tipo de negocio de representaciones, como se aplicaría este negocio a las criptomonedas, creando un sitio web de exchanges de etiqueta blanca, una Exchange web de etiqueta blanca es una alternativa de bajo costo para este negocio. Otra ventaja de este negocio, es que este negocio le permite a uno compartir con otros exchanges las transacciones en una misma red.

Otro negocio el cual ya mencionamos en capítulos pasados pero que vale la pena recapitularlo es la minería de bitcoin, la minería es un negocio sumamente competitivo, pero eso no significa que las nuevas empresas de minería no puedan tener éxito. A pesar de lo rentable que pueda ser es también arriesgado a causa de las eventuales bajadas bruscas de precio del bitcoin y de otras criptomonedas en el mercado. Para evitar exponerse mucho a los riesgos será conveniente una previa y exhaustiva investigación de mercado. También uno puede optar por la aplicación de energías renovables para el tema de reducir el consumo de electricidad.

Otro negocio relacionado con las criptomonedas son las oportunidades de franquicia, Con una franquicia a uno no solo se le proporciona un producto para vender sino que también uno adquiere una estrategia comprobada para un correcto desenvolvimiento en el mercado. Algo que juega un papel muy importante es el reconocimiento de la marca. Solo que en este caso se aplicaría con criptomonedas.

Adicionalmente otro negocio que se realiza con las criptomonedas es el negocio de los arbitrajes el cual también se mencionó. El arbitraje consiste comprar barato una criptomoneda en una Exchange para venderla caro en otra Exchange, esto juega con el libre mercado, la oferta y la demanda.

Otros negocios que interactúan con las criptomonedas son los sitios web así como los negocios comerciales que aceptan el pago alternativo con las ya mencionadas criptomonedas. La idea de hacer transacciones con criptomonedas es jugar con los márgenes de transacción para obtener una mayor rentabilidad así como diversificar.

Otro negocio para todas las personas que negocian, conocen, transaccionan, etc. con criptomonedas. Es el negocio de las asesorías y de dar clases de criptomonedas, o sea del negocio de las criptomonedas, cobrando por darlas o por hacer una transacción con ellas.

Bien señor lector espero que esta exposición le haya ampliado su perspectiva con respecto a los negocios de criptomonedas.

CAJEROS AUTOMÁTICOS DE CRIPTOMONEDAS

Los cajeros automáticos de criptomonedas son cajeros que le permiten a uno efectivizar sus criptomonedas en dinero en efectivo. Los cajeros automáticos de criptomonedas especialmente de bitcoin cada vez se están haciendo más populares. Cabe resaltar que usualmente por el costo del mantenimiento de los mismos los márgenes de trade son más elevados o sea más caros o costosos. En cambio las Exchange que están en la web cobran un margen menor. Existen diferentes empresas que los fabrican algunas d las cuales ya hemos mencionado en el capítulo pasado.

Existen cajeros para la compra y venta así como cajeros solo para compra de bitcoin. Para poder operar con cajeros de criptomonedas es necesario que uno tenga configurada una billetera de criptomonedas en la web.

LA BANCARIZACIÓN DE LA CRIPTOMONEDA

La criptomoneda aun no ha sido bancarizada pero se pronostica que en el futuro uno podrá abrir cuentas bancarias en criptomonedas, la criptomoneda en si por su volatilidad de precio, entre otros factores aun no ha sido bancarizada. Lo bueno de la no bancarización de la criptomoneda es que no está afecta a impuestos ni a comisiones tan usureras, claro que si existen comisiones denominadas márgenes de trade, las cuales son variables, pero el día en que se bancaricen las criptomonedas van a perder parte de su valor agregado. Debemos de toma en cuenta que ahora es una gran ventaja que la criptomoneda no este bancarizada. Aprovechemos esta oportunidad.

CONCLUSIONES

CONCLUSIÓN #1.- El conocer sobre criptomonedas genera excelentes oportunidades de inversión, es cuestión de conocerlas para aprovecharlas y de esa manera tener un ingreso adicional.

CONCLUSIÓN # 2.- El negocio de las criptomonedas es algo grandioso pero a la vez es muy cambiante y hay que investigar constantemente para mantenerse actualizado.

CONCLUSIÓN # 3.- El negocio de las criptomonedas no se bancariza aun, mientras no se bancarice y no se oficialice tendrá un potencial mayor porque tendrá comisiones menores y no pagará impuestos por lo tanto es una oportunidad muy recomendable de aprovechar.

CONCLUSIÓN # 4.- Los arbitrajes de criptomonedas son un buen negocio es solo cuestión de saberlos aplicar y aprovechar, sería bueno evaluarlos por si se desea invertir en el negocio de criptomonedas.

RECOMENDACIONES

RECOMENDACIÓN # 1: Utilice este libro como guía base para el conocimiento y si usted lo desea para la inversión en el negocio de las criptomonedas, pero no deje de investigar, si puede tome un curso sobre criptomonedas estoy seguro que le va a servir.

RECOMENDACIÓN # 2: Le recomiendo que lea del mismo autor (SPENCER ALBERT) las siguientes obras, están a la venta en amazon.com:

1. "SECRETOS DE LA FUERZA DE VOLUNTAD"
2. "GUÍA DE CÓMO VENCER LA DEPRESIÓN"
3. "CÓMO CONTRARRESTAR LA DIABETES Y SUS CURAS EXPERIMENTALES"
4. "CÓMO VIAJAR A UNIVERSOS PARALELOS JINAS PARTE PRÁCTICA"

Estos son libros muy buenos que lo sorprenderán así como lo ayudarán en diversas áreas de su vida. El precio es sumamente módico. Colecciónelos.

FIN

www.ingramcontent.com/pod-product-compliance
Ingram Content Group UK Ltd.
Pitfield, Milton Keynes, MK11 3LW, UK
UKHW040012200726
13854UKWH00001B/167

9 781640 869851